petit
Alphabet des
commençants

1842

ALPHABET DES COMMENÇANTS.

Ouvrages nouveaux:

Alphabet Bijou, illustré par Porret avec de grandes lettres ornées d'enfants in-16, *déployé en bandes* et cart. fig. noires, 2 fr. colorié, 3 fr. *avec texte*, cart. fig. noires, 3 fr. fig. coloriées, 4 fr.
Alphabet des Quatre-saisons, avec 16 grav. sur acier et texte, cart. fig. noires, 3 fr. coloriées, 4 fr.
Abécédaire Joujou pour les petits garçons, in-16, figures noires, 2 fr.; coloriées, 2 fr. 50
  id.   pour les petites filles   id.   id.   id.
Album du premier âge, 1 vol. in-12, gravures sur acier, cart. figures noires 3 fr. coloriées, 4 fr.
  id.   des petits garçons   id.   id.   id.
  id.   des enfants bien obéissants, in-16, gravures   id.   id.
  id.   Récréatif   id.   id.
Bible du premier âge, in-16 avec 74 vignettes, figures noires, 3 fr. coloriées, 4 fr.
Le petit Poucet, illustré par 16 belles lithographies de De-l'homme et de belles gravures en bois par Porret, in-16 cart. *déployé en bandes*, et cart. fig. noires, 2 fr. 50 et coloriées, 3 fr. avec le texte et couverture, joli cart. fig. noires, 3 fr. et coloriées, 4 fr.
Le Chat botté,   id.   id.   id.
Le petit Chaperon rouge,   id.   id.
Cendrillon,   id.   id.
L'Arithméticien des écoles suivi *du Petit* Teneur de livres, in-18, broché, 1 fr. 25.
Les infortunes de Minette, 1 vol. in-18 avec gravures, broché, 2 fr. rel. 4 fr.

PETIT ALPHABET
DES
COMMENÇANTS
AVEC L'ÉPELLATION GRADUÉE,
ORNÉ DE VIGNETTES.

PARIS
BIBLIOTHÈQUE D'ÉDUCATION, CHEZ DÉSIRÉE EYMERY, QUAI VOLTAIRE, N. 15.

1842

—o Corbeil, imprimerie de Crété. o—

LA CU-RI-O-SI-TÉ PU-NIE.

LE FRÈRE ET LA SŒUR.

Le frè-re. — Que fais-tu là, Mé-la-nie?
La sœur. — Je veux voir ce qu'il y a là-de-dans.
Le frè-re. — Pour-quoi de la cu-ri-o-si-té? ce n'est pas bien, ma-man l'a dé-fen du.
La sœur. — Non, c'est la ca-chet-te du jar-di-ni-er, je dé-si-re voir ce qu'il y a mis.

Le frè-re. — C'est bien mal, je t'as-su-re ; et si ma-man le sait, el-le se-ra très mé-con-ten-te.

La soeur. — Qui le lui di-ra?

Le frè-re. — Eh! moi, donc.

La soeur. — Com-ment! tu se-rais as-sez mé-chant pour ce-la ; et tu fe-rais gron-der Mé-la-nie, ta pe-ti-te sœur ?

Le frè-re. — Pour-quoi pe-ti-te sœur dé-so-bé-it-el-le à ma-man?

Mé-la-nie. — Je ne dé-so-bé-is pas à ma-man. Eh ! voy-ez le grand mal-heur, quand je re-gar-de-rais un pe-tit mo-ment ce que le jar-di-nier ca-che si pré-cieu-se-ment dans la ser-re?

Le frè-re. — Puis-qu'il le ca-che, c'est pour qu'on ne le

voie pas; mais fais com-me tu vou-dras, vi-lai-ne cu-ri-eu-se.

Mé-la-nie. — Tu es bien ai-ma-ble, mon frè-re, mer-ci de la per-mis-sion!

La pe-ti-te fil-le se mit aus-si-tôt à l'œu-vre; la voi-là es-say-ant de tour-ner la clé : quoi-qu'el-le y em-ploy-ât tou-te sa for-ce en-fan-ti-ne, ce-pen-dant el-le ne pou-vait en ve-nir à bout, et plus el-le tour-nait cet-te clé, et moins la ser-ru-re cé-dait; ce que voy-ant son frè-re Char-les, il se mit à pous-ser un grand é-clat de ri-re, en di-sant : Bra-vo! voi-là ce que c'est que d'ê-tre cu-ri-eu-se! Le bon Dieu te pu-nit, Mé-la-nie, en t'em-pê-chant d'ou-vrir la por-te.

Mé-la-nie se sen-tait en-vie de pleu-rer en s'a-per-ce-vant

de son im-puis-san-ce ; pour-tant el-le re-tint ses lar-mes dans la crain-te des mo-que-ries de son frère, et le sui-vit près de leur ma-man, bien mor-ti-fiée de ses vains ef-forts.

LE SPEC-TA-CLE.

Le mê-me soir, Char-les al-la pro-me-ner a-vec sa bon-ne, qui le me-na aux Champs-É-ly-sées. Là, il se mit à jou-er a-vec son cer-ceau, tan-dis que la bon-ne, qui con-dui-sait sa tou-te pe-ti-te sœur par la main, se mit à re-gar-der les fo-lies de M. Po-li-chi-nel-le et de ma-de-moi-sel-le la chat-te.

O! com-me Li-li s'a-mu-se, di-sait Char-les tout joy-

eux ; car, il faut que vous sa-chiez que Char-les a-vait un très-
bon cœur et ai-mait beau-coup ses sœurs ; s'il a-vait blâ-mé tantôt la cu-ri-o-si-té de Mé-la-nie, c'est que le jeu-ne gar-çon
ne fai-sait que ce que sa ma-man vou-lait. Cel-le-ci a-vait par
des-sus tout dé-fen-du à ses en-fants le men-son-ge et une cu-
ri-o-si-té in-dis-crè-te. Char-les, en en-fant bien o-bé-is-
sant, ne con-nais-sait que ses de-voirs et sui-vait les a-vis de
sa mè-re ; aus-si ay-ant été bien sa-ge le ma-tin du jour dont
nous par-lons, la bon-ne é-tant al-lée pro-me-ner la pe-ti-te
Li-li, sa sœur, em-me-na Char-les, tan-dis que Mé-la-nie
res-tait à la mai-son.

Char-les ren-con-tra plu-sieurs de ses ca-ma-ra-des, et

s'em-pres-sa de jou-er a-vec eux. Ils a-per-çu-rent un vieil a-
veu-gle a-dos-sé à un ar-bre, at-ten-dant son ca-ni-che, ain-si
qu'ils l'ap-pri-rent de la bou-che du men-diant. De mé-chants
en-fants, sans é-gard pour son â-ge et son in-fir-mi-té, s'a-mu-
sè-rent à af-fri-an-der le chien du pau-vre, en lui pré-sen-tant
du gâ-teau de Nan-ter-re. L'a-ni-mal af-fa-mé se dé-bar-
ras-sa de la cor-de que te-nait son maî-tre, et sui-vit l'a-mor-
ce at-tray-an-te. Les en-fants é-taient en-chan-tés de fai-re ce
mau-vais tour. Mais qu'ar-ri-va-t-il? c'est que le chien, u-ne
fois qu'il eut gar-ni sa pan-se, se rap-pe-lant son de-voir de
fi-dè-le com-pa-gnon du pau-vre dont il é-tait le sou-tien et
le seul a-mi, com-men-ça à le cher-cher, en mon-trant les

dents à ses ten-ta-teurs, cha-que fois qu'ils vou-laient le re-te-nir pour s'en a-mu-ser en-co-re.

De son cô-té, l'a-veu-gle, con-duit par Char-les et ses com-pa-gnons, ne ces-sait de re-mer-cier les bons pe-tits mes-sieurs qui é-taient as-sez com-plai-sants pour le gui-der; et, le vieil-lard ap-pe-lait à tue-tê-te son chien par son nom.

Cha-bra-que! Cha-bra-que! s'é-cri-ait-il. Le cou-pa-ble Cha-bra-que n'a-vait gar-de de ré-pon-dre, on le te-nait a-lors, dans u-ne au-tre par-tie des Champs-É-ly-sées, le mor-ceau de gâ-teau de Nan-ter-re sous le nez, en lui di-sant : Ca-ni-che! sau-te pour le Roi! Ca-ni-che, sau-te pour Hen-ri!... Mais l'a-ni-mal sen-tait dé-jà la fau-te qu'il a-vait com-mi-se en dé-lais-sant son vieux maî-tre pour u-ne fri-an-di-se ; au lieu de ré-pon-dre aux a-ga-ce-ries de ses ra-vis-seurs, il se-cou-ait les o-reil-les et tâ-chait de s'é-chap-per de leurs mains. L'a-veu-gle, qui a-van-çait tou-jours, par-vint en-fin à se fai-re en-ten-dre ; et le ca-ni-che re-pen-tant, à cet-te voix ché-rie, ne fit qu'un bond, ren-ver-sa ceux qui tâ-chaient de le re-te-nir, et fut bien-tôt au-près de l'a-veu-gle, qu'il ac-ca-blait de ca-res-ses, cher-chant à lui té-moi-gner sa joie par mil-le dé-mons-tra-tions d'a-mi-tié à sa ma-niè-re. Mais son maî-tre, peu tou-ché de ces mar-ques d'af-fec-tion et de re-pen-tir, l'ay-ant sai-si par sa cor-de, lui ti-ra for-te-ment les o-reil-les, a-fin de lui ap-pren-dre, à l'a-ve-nir, à ne plus le quit-ter sans sa per-mis-sion ; et le chien, hon-teux, cou-ché aux pieds de son vieil a-mi , lé-chait en-co-re la main qui le châ-ti-ait.

L'o-béis-san-ce est de ri-gueur aux a-ni-maux com-me aux en-fants.

LA CLO-CHE.

EN-CO-RE LA CU-RI-EU-SE.

Char-les, au re-tour de la pro-me-na-de, al-la voir sa sœur qui jou-ait dans la sal-le à man-ger a-vec le pe-tit Pros-per, leur frè-re.

Il y a-vait sur u-ne ta-ble, au mi-lieu de deux va-ses de fleurs, u-ne clo-che d'ar-gent qui cou-vrait un plat.

— Je vou-drais bien voir ce qui est là-des-sous, dit Mé-la-nie à son frè-re.

— Al-lons, voi-là que tu vas re-com-men-cer, lui ré-pon-dit ce-lui-ci, ce se-ra com-me ce ma-tin.

— O! c'est bien dif-fé-rent; ce ma-tin je ne pou-vais pas ou-vrir la por-te de la ser-re du jar-di-nier... au lieu que la clo-che... qui m'em-pê-che-ra de la le-ver?

— Moi, ré-pon-dit har-di-ment Char-les, par-ce que je veux d'a-bord t'é-vi-ter u-ne pu-ni-tion pour ta cu-ri-o-si-té et aus-si un mau-vais ex-em-ple au pe-tit Pros-per qui t'é-cou-te.

Mé-la-nie. — Voi-là com-me tu es, toi, tu veux tou-jours

fai-re le ca-pa-ble et le rai-son-neur : à t'en-ten-dre, on croi-rait que tu es le plus sa-ge pe-tit gar-çon du fau-bourg Saint-Ger-main.

— Et toi, ma bon-ne ché-rie, la plus en-tê-tée pe-ti-te fil-le de tou-te la Chaus-sée d'An-tin.

Pros-per, voy-ant son frè-re et sa sœur se dis-pu-ter, fi-nit par se met-tre à pleu-rer.

— Moi, ça ne m'a-mu-se pas du tout ce que vous di-tes ; j'ai-me-rais bien mieux man-ger u-ne tar-ti-ne de con-fi-tu-res...

— Sans dou-te, ré-pond Mé-la-nie, je vais, n'est-ce pas, me dé-ran-ger pour sa-tis-fai-re ta gour-man-di-se ?

— Et toi-mê-me, ré-pond le frè-re Char-les, tu veux bien que je me prê-te à ton in-dis-crè-te cu-ri-o-si-té, mal-gré les dé-fen-ses ex-pres-ses de ma-man.

— O! mon Dieu, il faut que tu aies tou-jours rai-son, com-me s'il ne pou-vait pas al-ler trou-ver Ma-rie qui le gâ-te à la jour-née.

— Et c'est com-me ça que tu es com-plai-san-te, Mé-la-nie?

— Lais-se-moi tran-quil-le, je vais sou-le-ver la clo-che...

— Moi, re-prit Char-les, je ne m'y op-po-se pas...

— As-su-ré-ment... sans dou-te; mais tu i-ras le di-re à ma-man... la bel-le com-plai-san-ce pour un frè-re... et de plus, un frè-re qui se dit bon...

Char-les, tu se-rais bien gen-til, si tu vou-lais ne rien di-re, re-prit en-co-re Mé-la-nie, en s'ap-pro-chant de son frè-re a-vec un pe-tit air câ-lin... voy-ons, me le pro-mets-tu?

— Mais si je te le pro-mets, c'est com-me si je pre-nais part à ta fau-te...

— Eh! bien, con-ti-nua la jeu-ne es-piè-gle, fer-me les yeux pen-dant que je dé-cou-vri-rai la clo-che... tu n'au-ras rien vu... a-lors tu ne men-ti-ras pas...

— Mais pour-tant, Mé-la-nie...

Mé-la-nie a-vec mau-vai-se hu-meur :

— Mon Dieu, que tu es con-tra-riant, tu ne con-sen-ti-rais ja-mais à me fai-re plai-sir...

— Si fait, je le vou-drais, mais aus-si trom-per no-tre mè-re qui est si bon-ne! tiens, j'ai-me mieux m'en al-ler.

Et là-des-sus, Char-les prit la fui-te. Le pe-tit Pros-per res-ta a-vec Mé-la-nie, et lui de-man-da de nou-veau sa tar-ti-ne. La cu-ri-eu-se ne prend seu-le-ment pas gar-de à l'en-fant, tant el-le se pré-oc-cu-pe de son dé-sir tou-jours crois-sant. Ou-bli-ant dans sa dé-so-bé-is-san-ce les re-com-man-da-tions de sa mè-re, el-le s'ap-pro-che en trem-blant d'im-pa-tien-ce ; et, d'u-ne main lé-gè-re en-lè-ve pré-ci-pi-tamment la clo-che d'ar-gent ; à l'ins-tant il en sort un pe-tit oi-seau qui jet-te un cri en s'en-vo-lant. C'é-tait le se-rin fa-vo-ri de Mé-la-nie, que sa ma-man y a-vait ca-ché pour l'é-prou-ver ;

gran-de fut la sur-pri-se de la sœur de Char-les, qui, ne vou-lant pas per-dre son oi-seau ché-ri, se mit à cou-rir a-près lui. Mais le se-rin ef-fa-rou-ché, a-per-ce-vant u-ne croi-sée en-tr'ou-verte s'en-fuit par cet-te is-sue. Mé-la-nie tou-te con-fu-se et san-glo-tant de cha-grin et de re-gret, s'é-cri-ait :

— O! mon Dieu! com-me je suis mal-heu-reu-se! El-le pou-vait a-jou-ter *par ma fau-te.*

LE FEU D'AR-TI-FI-CE.

L'EN-TÊ-TE-MENT EST UN GRAND DÉ-FAUT.

Le jeu-ne Hip-po-ly-te se-rait de-ve-nu un en-fant char-mant s'il eût é-té moins en-tê-té. Son pè-re don-nait u-ne fê-te dans son jo-li jar-din, à l'oc-ca-sion du jour de nais-san-ce de sa ma-man; et un feu d'ar-ti-fi-ce su-per-be a-vait é-té pré-pa-ré. L'en-fant vou-lut aus-si, de son cô-té, don-ner sa pe-ti-te fê-te et a-voir son feu d'ar-ti-fi-ce, mal-gré les re-pré-sen-ta-tions de son pa-pa. Mais le jeu-ne en-tê-té n'en tint pas comp-te, et se mit aus-si à ar-ran-ger ses fu-sées et sur-tout le grand so-leil de cinq sous qu'il a-vait a-che-té. Un pe-tit frè-re et u-ne pe-ti-te sœur, qu'il mit de moi-tié dans ses tra-vaux et ses plai-sirs, at-ten-daient au-près d'un buis-son qu'il lui plût de don-ner ses or-dres, tan-dis que leur pa-pa al-lait don-ner les siens pour le grand feu pré-pa-ré un peu plus loin et qui de-vait fai-re l'ad-mi-ra-tion gé-né-ra-le.

Hip-po-ly-te, fort em-pres-sé, lors-que son pa-pa se fut é-loi-gné, con-ti-nu-a de pla-cer ses piè-ces d'ar-ti-fice. C'é-taient deux pé-tards, u-ne ou deux chan-del-les ro-mai-nes, et trois pe-tits so-leils qu'il a-vait ob-te-nus à for-ce d'im-por-tu-ni-tés et aux dé-pens de ses lé-gè-res é-par-gnes, de l'ar-ti-fi-cier qui di-ri-geait le feu et la fê-te de son pa-pa et qui con-sen-tit à le sa-tis-fai-re. L'en-fant é-tait ri-si-ble à voir, le front cou-vert de su-eur, les mains noir-cies par la pou-dre, dont il as-sai-son-nait ses piè-ces d'ar-ti-fi-ce et la traî-née qu'il con-dui-sait jus-qu'à ses pé-tards, qu'il nom-mait des bom-bes; on n'au-rait pas man-qué de sou-ri-re, si l'on n'a-vait a-per-çu en mê-me temps le dan-ger qui ex-is-tait à lais-ser con-ti-nuer le pe-tit gar-çon.

Mais nous a-vons dit qu'il é-tait en-tê-té et que les re-pré-sen-ta-tions ne fai-saient rien sur son es-prit. A-près, donc, s'ê-tre don-né bien de la pei-ne et a-voir fait tous ses pré-pa-ra-tifs, il al-la ras-sem-bler le plus de ca-ma-ra-des qu'il put trou-ver, a-fin d'as-sis-ter à son tri-om-phe. Il vou-lait que son feu par-tît a-vant ce-lui de son pa-pa, pour que l'on pût com-pa-rer le-quel des deux se-rait le plus beau, et je vous prie de croi-re qu'il pen-sait que ce de-vait ê-tre le sien. Il al-lait, il ve-nait, il fai-sait ran-ger ses fu-turs ad-mi-ra-teurs, que c'é-tait mer-veil-le.

— N'al-lez donc point si près, di-sait-il à l'un, ne vous met-tez donc pas là, ob-ser-vait-il à l'au-tre, par-ce que vous ne ver-riez pas du tout l'ef-fet de mon beau so-leil.

En-fin, la nuit de-vint som-bre, mais, à ce que croy-ait

Hip-po-ly-te, il y a-vait en-co-re bien un bon quart d'heu-re, a-vant que le grand feu ne par-tît. Ra-vi, en-chan-té, il ne se sen-tait pas d'ai-se; et, un pe-tit ti-son à la main, il par-cou-rait les rangs de sa so-cié-té à la-quel-le ve-naient de se join-dre les do-mes-ti-ques pour jouir de son spec-ta-cle.

— Ran-gez-vous, di-sait-il; u-ne! deux! trois! je mets le feu! et sa pe-ti-te main trem-blante ap-pro-cha le ti-son d'u-ne de ses piè-ces d'ar-ti-fi-ce; mais le feu ne prit point. Le so-leil, qui de-vait pro-dui-re un si mer-veil-leux ef-fet, ne tour-na qu'à moi-tié, en je-tant par-ci, par-là, quel-ques ray-ons pâ-les et mou-rants. Il en fut ain-si des au-tres piè-ces. L'en-tê-té pe-tit gar-çon s'obs-ti-nait tou-jours, tan-dis que des ri-res mo-queurs se fai-saient en-ten-dre. Tout à coup, u-ne bel-le fu-sée part du feu de son père, et dé-crit dans les airs un long jet lu-mi-neux. A l'ins-tant cha-cun quit-ta Hip-po-ly-te et son feu man-qué, le-quel fut fa-ci-le-ment ef-fa-cé et d'u-ne ma-niè-re com-plè-te par l'é-clat de ce-lui qu'on ti-rait plus loin. Le pau-vre gar-çon i-gno-rait que son pè-re en-nuy-é de ses im-por-tu-ni-tés, a-vait re-com-man-dé à ceux qui de-vaient lui four-nir les piè-ces d'ar-ti-fi-ce de les mouil-ler pour la plu-part, a-fin de lui é-vi-ter le dan-ger d'un pa-reil jeu. Il eût é-té bien pré-fé-ra-ble qu'Hip-po-ly-te, en en-fant do-ci-le, se fût sou-mis aux ob-ser-va-tions de son pa-pa, ain-si que doi-vent le fai-re ceux qui ai-ment et res-pec-tent leurs pa-rents. Quant à Hip-po-ly-te, hon-teux de sa dé-fai-te, il se pri-va du plai-sir de voir le grand feu d'ar-ti-fi-ce, et ce fut u-ne vraie pri-va-tion, tant il é-tait beau !

LA DISCRÉTION BIEN PLACÉE.

Il y avait une petite fille appelée Clara, âgée de cinq ans, qui était très-aimée de son papa. Celui-ci recommandait à Clara d'être toujours sage, bien obéissante et appliquée à ses devoirs. Le papa tenait surtout à ce qu'elle eût une belle écriture, et l'engageait à soigner cette partie de son travail. Clara, douce et disposée à plaire à son père, y mettait tous ses efforts; mais le jeu l'emportait souvent sur la volonté de lire, d'écrire, et notamment de s'appliquer. Ses lettres étaient inégales, ses lignes montaient et descendaient, allant, comme le disait sa bonne, tantôt au grenier, tantôt à la cave... — La pauvre petite, dépitée, découragée même, pleurait; puis, s'adressant à sa poupée, l'interrogeait sur ses progrès et l'accusait des torts dont elle-même se rendait coupable :

— Fi! mademoiselle, lui disait-elle, comme c'est laid, ça, à votre âge, une grande fille de cinq ans qui ne sait pas encore écrire en fin et droit !...

Puis elle reprenait :

— Papa est très-bon; mais souvent il me gronde parce que

je tache mes doigts d'encre et que je fais des pâtés sur mon papier. Il m'oblige à écrire bien droit, et veut que mes caractères soient égaux. Il exige de moi une belle anglaise!... Papa croit que cela se fait comme... Je voudrais l'y voir, lui, qui passe pour avoir une si vilaine écriture, qu'on dit que c'est une écriture de chat, qu'il fait des pieds de mouche...

Et puis, on veut que j'écrive avec ces vilaines plumes de fer qui déchirent toujours mon papier...

La petite tint bien d'autres propos encore qui prouvaient seulement une chose, c'est qu'elle ne voulait pas se donner de peine, et qu'elle eût mieux aimé que ses lettres se formassent toutes seules ; sans songer qu'on n'obtient rien sans peine, et que ce n'est que par un travail assidu et sans distraction, qu'on parvient à quelque chose...

Clara, qui voyait approcher la fête de son papa, et ne savait comment lui prouver ses progrès, finit pourtant par sentir que ce qui lui ferait le plus de plaisir, c'était qu'elle s'appliquât; elle prit son grand parti. Pendant quatre jours de suite, elle ne fit que barbouiller du papier. L'enfant avait résolu d'écrire une lettre à son papa, de la cacheter et de la lui donner pour sa fête. Enfin, c'est une surprise qu'elle résolut de lui causer. Elle se mit donc à l'œuvre; et, après bien des essais, après avoir pris une jolie petite feuille de papier dans le bureau de son papa, sur laquelle il y avait une charmante lettre gothique coloriée avec de légers oiseaux, elle commença en lettres anglaises d'une grosseur moyenne, ce qui suit :

« Mon bon père,

« C'est demain la Saint-Pierre ton patron, permets que je
« te souhaite, avec ta fête, du bonheur; j'espère que tu ne ces-
« seras pas d'aimer ta petite Clara, parce qu'elle s'efforcera
« toujours de bien apprendre pour te plaire.

« Je suis, mon cher Papa, avec bien du plaisir, ta fille ché-
« rie, et qui continuera à être aimable pour toi. Avec cela, je
« t'embrasse de tout mon cœur. »

Et la petite Clara se mit à sauter, enchantée de sa rédaction et de son écriture. Disant, tout en admirant son travail :

— O! que c'est bien! Pas une lettre qui aille à la *cave* ou au *grenier*. Je me suis un peu réglée, à la vérité... mais aussi, comme cela est bien... Des lettres pas plus grosses que la moitié de mon petit doigt... mon maître en serait satisfait si je les lui montrais... mais, il voudrait corriger, faire les premières de chaque ligne, et papa m'a dit qu'en semblable circonstance il valait mieux écrire tout soi-même bien ou mal ; il sera content, j'espère, mon papa.

Après cela, la petite fille prit, encore dans le bureau de son père, une enveloppe toute faite ; elle plia proprement sa lettre, et comme elle l'avait vu faire, la glissa avec précaution dans l'enveloppe, puis serra le tout dans sa poche. C'était le soir qu'elle comptait la remettre, sous quelque prétexte que ce fût, avec un bouquet que la bonne lui avait promis d'acheter.

La journée parut bien longue à Clara. Elle regardait souvent sa lettre, puis la resserrait, passait d'une chambre à l'autre... Enfin, elle promenait son impatience en tout lieu, lorsqu'arrivée dans la pièce habitée par son papa, elle voulut encore, et pour la dernière fois, jeter un regard sur son précieux papier avant de le donner. Elle tire de sa poche sa petite lettre et l'admire, pendant que son père, sans qu'elle l'eût vu, la suivait et épiait ses démarches ; tout-à-coup elle entend une grosse voix à ses oreilles, qui lui dit sévèrement :

— Mademoiselle, qu'est-ce à dire? pourquoi cachez-vous une lettre ? l'auriez-vous prise sur mon bureau ? Cela est fort mal de fouiller dans mes papiers.

La pauvre enfant, accusée à l'improviste, fut saisie de peur, et laissa prendre la lettre par son papa. N'y voyant pas d'adresse, il la décacheta pour la lire. En découvrant que c'était l'écriture de Clara, il fut bien content, surtout de la netteté et de la propreté qui y régnaient. Clara reçut en récompense un tendre baiser et un joli coffre à ouvrage.

LA BONTÉ.

ANECDOTE.

Madame Duval, qui habitait le faubourg Saint-Germain, avait une petite fille de quatre ans, qu'on appelait Zoé, et qui était très-bonne.

Parlait-on devant elle d'un malheureux, aussitôt ses yeux se remplissaient de larmes, et elle disait à sa mère :

— Est-ce que je ne pourrais pas l'assister? J'ai dix sous dans ma bourse, ou autres choses semblables. La bonne Zoé ne pouvait pas voir faire du mal au chat ou au chien de la maison, sans prendre fait et cause pour la victime, tant sa sensibilité était grande.

Sa maman lui avait dit souvent :

— Ma petite Zoé, il ne faut pas comme cela t'affliger quand tu vois le mal arriver n'importe à qui, Dieu qui le permet comme il permet le bien, a eu ses raisons, que nous ne devons pas chercher à connaître.

La petite fille restait pensive ; puis, reprenait :

— Il est pourtant bien bon, le bon Dieu, n'est-ce pas, maman ?... Le bien est si doux à faire !...

— Sans doute, ma chérie, et il serait préférable qu'il n'existât aucun sujet d'affliction pour les personnes sensibles et pieuses ; mais, je te le répète, tout ce que Dieu permet est juste, et nous devons nous soumettre à ses commandements.

Zoé écoutait sa mère avec attention, puis elle l'embrassait en disant :

— Pour toi, tu es bien bonne... et tu ne refuses jamais le pauvre qui te demande?...

— Si fait, ma petite, je refuse quelquefois ; car mes revenus ne me permettent pas d'adoucir toutes les infortunes...

— Maman, dit Zoé, et moi, veux-tu me permettre de partager avec toi tes bonnes œuvres?

— Il y a une distinction à faire pourtant, mais qui ne regarde pas un enfant; seulement il faut songer à ne pas épuiser trop vite sa bourse, de crainte qu'un plus misérable n'arrive et qu'il ne vous reste plus rien à lui donner. Pour éviter cette contrariété, à l'avenir, demande-moi conseil avant de te livrer à l'impulsion de ta sensibilité et de ton bon cœur.

— Maman, mais lorsque je suis avec ma bonne et que tu n'es pas là pour me dire si je fais bien ou mal?

— Choisis alors les infirmes et les vieillards; ceux-là sont encore plus à plaindre que les autres et doivent avoir la préférence, et puis, ainsi que je te l'ai dit, borne tes charités, les jours de promenade; et si, par exemple, je te donne quatre sous à dépenser, suivant tes fantaisies, n'en consomme que la moitié pour les pauvres, et garde le reste pour toi.

— Ah! ma chère maman, j'aime bien mieux me priver d'un gâteau que du plaisir de soulager celui qui souffre!...

La maman embrassa la gentille enfant avec tendresse.

— Ce sont tes affaires, mon ange, lui dit-elle, ne voulant pas gâter par des éloges ses bons sentiments.

A quelques jours de là, Zoé étant allée comme de coutume à la promenade, rencontra une petite fille à peine couverte de mauvais haillons, qui lui tendait la main en tremblant. Zoé se sentit si émue de pitié, que les larmes lui en vinrent aux yeux.

Elle pensa qu'elle avait bien des robes, et que si sa maman, qui était si bonne, voulait le lui permettre, elle pouvait en donner au moins une à la pauvre enfant. Elle engagea la petite mendiante à la suivre, malgré les représentations de la bonne.

Arrivée chez sa mère, dont elle obtint facilement la permission qu'elle désirait, Zoé se hâta d'aller dans sa garde-robe, et prit ce qu'elle avait de mieux ; le paquet fait, elle le porta chez sa maman pour le lui montrer.

— J'ajouterai quinze sous pour lui acheter du pain, n'est-ce pas, maman?

— Voyons d'abord le paquet. Voilà une robe qui ne convient

nullement à une enfant pauvre; elle est trop élégante et pas assez solide; change-la contre ta robe du matin; l'étoffe en est plus chaude et plus convenable; joins-y ton schall vert que tu ne mets plus, et trois sous seulement pour avoir du pain.

Zoé obéit, mais sa maman vit bien qu'elle n'était pas satisfaite.

— Écoute, ma fille, lui dit-elle en la prenant sur ses genoux; tu regrettes de ne pas suivre ta générosité, tu voudrais donner davantage à la pauvresse; mais je te le répète, avant d'écouter son bon cœur, on doit consulter ses moyens, et je ne suis pas assez riche pour te permettre davantage; d'ailleurs, je te promets de prendre des informations sur cette enfant, et si elles lui sont favorables, nous tâcherons de lui faire quelque chose de mieux.

— Ah! bonne mère! s'écria Zoé enchantée, je vais lui porter de suite le paquet, et lui demanderai son nom et son adresse.

— Fais-la monter, ma chérie, dit la maman.

Et l'instant d'après, Zoé présentait la petite mendiante à sa mère, qui écrivit sa demeure sur un carnet. La pauvre enfant s'en alla, après avoir comblé de remercîments et de bénédictions ceux qui lui faisaient tant de bien.

— Maman, disait Zoé en embrassant sa mère, je suis pour le moins aussi contente que notre protégée.

— C'est une faveur du Ciel, ma mignonne, que celui qui oblige est encore plus heureux que l'obligé. Les bons cœurs trouvent ainsi leur plus douce récompense.

www.ingramcontent.com/pod-product-compliance
Lightning Source LLC
Chambersburg PA
CBHW060939050426
42453CB00009B/1097